Grandma

I love you because

I Love You Because Books
www.riverbreezepress.com

To Grandma

Love, ____________________

Date: ____________________

The best thing about you is your

____

Thank you for being patient with me when

____

I remember when we

____

I think it's awesome that you

____

You make me feel special when

____

Grandma, I love you more than

____

I love when you tell me about

____

I love when we

____

together

You taught me how to

____

I know you love me because

____

I wish I could

____

as well as you do

Grandma, I love that we have the same

____

You should be the queen of

____

You have an amazing talent for

____

You make me laugh when you

____

I wish I had more time to

____

with you

You make the best

____

You have inspired me to

____

If I could give you anything it would be

____

I would love to go

____

with you

You are
there for me when

____

Grandma, I love you because you are

____

Made in the USA
Coppell, TX
21 December 2020

46874510R00031